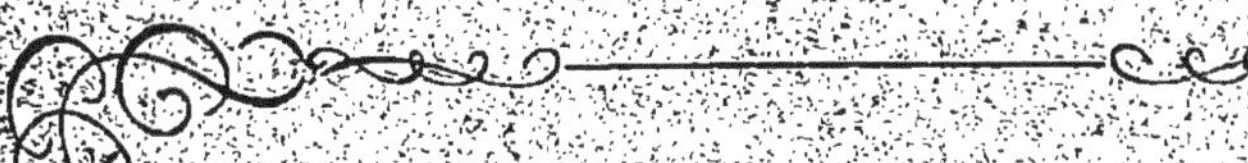

CONCOURS
DE PHOTOGRAPHIE.

MÉMOIRE

DÉPOSÉ AU SECRÉTARIAT

DE LA SOCIÉTÉ D'ENCOURAGEMENT

POUR L'INDUSTRIE NATIONALE,

CONTENANT LES PROCÉDÉS

A l'aide desquels les principaux Monuments historiques du Midi de la France ont été reproduits par ordre

Du Ministre de l'Intérieur,

PAR

EDOUARD BALDUS,

Peintre.

PARIS

VICTOR MASSON, LIBRAIRE-EDITEUR

PLACE DE L'ÉCOLE-DE-MÉDECINE, 17.

27 MAI 1852.

MÉMOIRE

DÉPOSÉ AU SECRÉTARIAT

DE LA SOCIÉTÉ D'ENCOURAGEMENT

POUR L'INDUSTRIE NATIONALE.

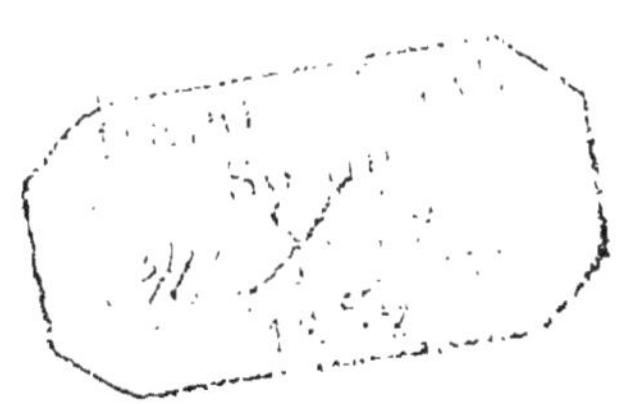

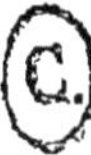

Paris. — Imprimerie de L. MARTINET, rue Mignon, 2.

CONCOURS DE PHOTOGRAPHIE.

MÉMOIRE

DÉPOSÉ AU SECRÉTARIAT

DE LA SOCIÉTÉ D'ENCOURAGEMENT

POUR L'INDUSTRIE NATIONALE,

CONTENANT LES PROCÉDÉS

à l'aide desquels les principaux Monuments historiques du Midi de la France ont été reproduits par ordre

Du Ministre de l'Intérieur,

PAR

ÉDOUARD BALDUS,
Peintre.

PARIS.
VICTOR MASSON, LIBRAIRE-ÉDITEUR,
PLACE DE L'ÉCOLE-DE-MÉDECINE.
27 MAI 1852.

AVANT-PROPOS.

Plusieurs traités de photographie sur papier et sur verre ont déjà été publiés; nous ne croyons pas moins utile de faire connaître nos propres recherches. Elles ont eu pour but d'obtenir sur papier la finesse et la netteté des images, la promptitude dans l'exécution (quand elle devient nécessaire), le fixage bien durable des épreuves négatives, enfin l'agencement commode des appareils.

Chargé par le ministre de l'intérieur de reproduire par la photographie sur papier une partie des monuments historiques de la France, nous avons, durant un long voyage, opéré dans des conditions de lumière, de température et de climat bien différentes : ayant toujours obtenu de bons résultats en épreuves négatives et positives, c'est avec confiance que nous livrons aujourd'hui aux artistes et aux amateurs les procédés à l'aide desquels nous avons rempli notre mission, persuadé qu'en suivant nos indications scrupuleusement et avec un peu de persévérance, ils auront la satisfaction d'obtenir les mêmes succès que nous.

ESSAIS PRATIQUES

DE

PHOTOGRAPHIE

SUR PAPIER.

DES PAPIERS.

Nous n'avons malheureusement pas encore cette science infuse qui permet à quelques photographes d'obtenir, comme ils l'affirment, de belles épreuves sur toute espèce de papier.

Nous sommes obligé, au contraire, d'engager les amateurs à choisir les papiers, pour négatifs surtout, avec la plus grande attention; ce choix est d'autant plus nécessaire, que les fabricants de papier avouent eux-mêmes qu'il leur est difficile de pouvoir garantir que deux rames de papier sont exactement de la même qualité.

Il est vrai de dire que jusqu'à présent aucun de ces fabricants n'avait fait des essais suivis pour parvenir à produire des papiers spécialement convenables à la photographie, et qu'on en était réduit à demander à l'Angleterre et à l'Allemagne les papiers qu'on ne trouvait pas en France. Enfin, MM. Blanchet frères et Kléber, de Rives, ont bien voulu entreprendre cette fabrication toute spéciale, et ils sont à même de fournir aujourd'hui les papiers nécessaires à la photographie; ils les amélioreront encore, nous n'en doutons pas, par les soins apportés au choix des matières et à la perfection du travail.

Suivant les opérations que l'on veut faire, il faut varier la nature du papier. Jusqu'à présent, ceux qui sont encollés avec la gélatine et la résine (les papiers anglais sont de cette espèce), sont plus lents à se pénétrer de l'action de la lumière, mais ils sont plus fermes, et se maintiennent mieux dans les divers bains : ils sont donc préférables pour les monuments et les paysages. Les papiers encollés à l'amidon sont beaucoup plus sensibles, et conviennent dès lors mieux pour le portrait.

On peut s'assurer de la qualité du papier en l'imprégnant de cire (1), et en le regardant à contre-jour : il doit faire l'effet d'un morceau de gélatine mince. Mais ce n'est là qu'une appréciation approximative, car souvent, dans les opérations, le grain du papier se modifie beaucoup; il sera mieux, pour bien juger, de faire avec le papier que l'on veut essayer, plusieurs épreuves négatives terminées, et d'obtenir même de celles-ci, pour plus de sûreté, une épreuve positive.

(1) Voir plus loin cette opération.

PREMIÈRE PRÉPARATION DU PAPIER

POUR LES ÉPREUVES NÉGATIVES (1).

---

§ I. Papier pour le paysage, les monuments, les statues, etc.

Prenez d'abord :

Eau distillée.	500 grammes.
Gélatine blanche.	10 —

Faites fondre la gélatine au bain-marie dans un vase en porcelaine, et, quand elle est entièrement fondue, ajoutez dans le liquide 5 grammes d'iodure de potassium, et agitez avec une baguette de verre pour que le mélange soit complet. Le tout étant bien mélangé, ajoutez encore peu à peu, et en agitant tou-

(1) La reproduction de ce chapitre (pages 10 à 14) est interdite, sous quelque forme que ce soit ; elle serait poursuivie comme une contrefaçon.

jours avec la baguette, 25 grammes de l'acéto-nitrate, dont on trouvera la composition page 15. Le liquide prend alors une teinte jaunâtre; on le laisse encore à la chaleur pendant environ 10 minutes, en continuant de l'agiter, et cette première préparation étant terminée, on peut s'en servir.

A cet effet, on prend une cuvette qu'on a soin de tenir chaude au bain-marie, et l'on y verse le liquide. On prend alors une feuille de papier par les coins; on pose d'abord le milieu (1) sur le liquide, et l'on abaisse successivement les deux angles afin de chasser les bulles d'air qui pourraient se former, et qui empêcheraient l'adhérence du liquide au papier. La feuille étant ainsi placée, on la laisse jusqu'à ce qu'elle présente une surface bien plane, ce qui exige ordinairement de 6 à 10 minutes, suivant l'épaisseur du papier.

On la relève alors, on la suspend pour la faire sécher, et on l'attache par un angle sur

(1) La feuille pourrait même être immergée des deux côtés; en ce cas elle se conserverait plus longtemps quand on veut opérer à sec.

une corde tendue; pour qu'il ne reste pas un excédant de liquide dans l'angle opposé à celui qui tient à la corde, on prend un petit morceau de papier buvard qu'on fait adhérer à cet angle, et qui facilite l'écoulement des dernières gouttes.

Quand les papiers ainsi préparés sont bien secs, on les trempe des deux côtés dans une dissolution de :

Eau distillée.	100 grammes.
Iodure de potassium. . . .	1 gramme.

Il faut tremper d'abord le côté qui a reçu la première préparation, retourner le papier, éviter les bulles d'air, et laisser la feuille de 6 à 10 minutes, suivant la température; la sécher de nouveau, et placer les feuilles sèches dans un carton: elles se conservent bonnes très longtemps.

Le restant de la liqueur gélatinée peut servir de nouveau en la chauffant et en la filtrant.

Cette première préparation laisse dans le papier une couche de gélatine complétement insoluble; elle en resserre les pores, et forme en même temps à la surface une autre couche mince de gélatine, chargée d'iodure d'argent non précipité, et déjà un peu sensible à la lumière. Le second passage à l'iodure de potassium augmente la sensibilité du papier. Le côté du papier qui a reçu la première préparation prend une légère teinte jaune.

§ II. Papier négatif pour portraits.

Pour les portraits, il faut nécessairement choisir le papier le plus beau et le plus uni, encollé à l'amidon.

On prépare la liqueur avec :

Eau distillée.	100 grammes.
Hydriodate d'ammoniaque. . .	1 gramme.
Hydrobromate d'ammoniaque.	1 décigramme.

On immerge le papier entièrement dans le liquide; on le laisse de 5 à 10 minutes, suivant la température et l'épaisseur, puis on le retire pour le faire sécher.

Il faut que l'hydriodate d'ammoniaque soit

blanc ou très légèrement jaunâtre quand on l'emploie. Lorsqu'il est plus coloré, il contient un excès d'iode, et l'opération est bien ralentie.

Avec ce procédé bien appliqué, on obtient presque la même vitesse que sur la plaque. Ces deux sortes de préparations de papier peuvent se faire au jour en évitant cependant une trop grande clarté.

Les opérations qui vont suivre s'appliquent de la même manière aux papiers préparés par les deux moyens dont nous venons de parler.

DEUXIÈME OPÉRATION [1].

—

Passage sur l'acéto-nitrate d'argent.

Quand on veut rendre le papier sensible à la lumière, on prépare d'abord une dissolution de :

Eau distillée.	100	grammes.
Nitrate d'argent.	6	—
Acide acétique cristallisable. .	12	—

On verse de ce liquide 2 millimètres d'épaisseur dans une cuvette ou sur une glace; on prend ensuite, par les deux angles opposés, une feuille de papier préparée, et, appuyant d'abord le milieu, on abaisse successivement les deux angles. Il faut avoir bien soin que le pa-

(1) *Observation.* — Les deuxième, quatrième et cinquième opérations doivent être faites dans une chambre noire, à la lueur d'une petite lampe.

pier adhère partout au liquide, et qu'il n'y reste pas de bulles d'air. A ce moment, il se déclare des inégalités de couleur qui font souvent l'effet de taches, mais à mesure que la combinaison s'opère, toute la surface du papier prend une teinte uniforme : quand elle est à ce point, on doit enlever le papier pour le placer dans le châssis.

Cette réaction prend ordinairement de 5 à 6 minutes, suivant l'épaisseur du papier.

Pendant que la feuille est sur l'acétonitrate, on a préparé une feuille de papier blanc et épais, un peu plus grande que celle de l'épreuve. On la plonge entièrement dans l'eau distillée pour l'en bien imprégner, et on la met sur la glace qui est dans le châssis de la chambre noire. C'est sur cette feuille de papier humide qu'on place ensuite la feuille qu'on enlève de l'acétonitrate (le dos en dessous, bien entendu). En prenant soin que les deux feuilles adhèrent parfaitement ensemble, on peut attendre quelques heures pour opérer, et même jusqu'au lendemain lorsque la température n'est pas trop élevée ; en ce cas, il faudrait, pour plus de sûreté, tremper la feuille qui sert de doublure dans une légère décoction de graine de lin, au lieu de la tremper dans l'eau ordinaire.

Par ce dernier moyen, nous avons obtenu de bonnes épreuves au bout de deux jours. Quand on veut opérer avec le papier sec, on enlève la feuille de l'acétonitrate d'argent (dans lequel on l'a trempée des deux côtés); on la passe rapidement dans l'eau distillée pour enlever l'excès de nitrate, et on la fait sécher en la suspendant.

Il faut, bien entendu, pour faire une épreuve avec le papier sec, placer la feuille entre deux glaces dans le châssis.

Nous n'aimons pas ce dernier moyen, et nous avons remarqué que les épreuves obtenues en opérant entre deux glaces ont beaucoup moins de pureté.

TROISIÈME OPÉRATION.

Passage à la chambre noire.

Lorsque les papiers sont convenablement placés dans le châssis, on porte ce dernier dans la chambre noire. La durée de l'exposition ne peut être indiquée d'avance : elle dépend de l'intensité de la lumière, de la bonté de l'objectif et de la longueur du foyer de celui-ci.

Pour les vues et les monuments qu'on fait généralement avec un objectif simple, d'un foyer un peu allongé, il faut compter de 3 à 5 minutes d'exposition, en employant le papier préparé pour le paysage (§ 1er). Si les objets ont une teinte jaune ou noire, il faut rester plus longtemps.

Pour le papier à portrait (§ 2), il ne faut que de 5 à 60 secondes, suivant la lumière et l'emplacement dans lequel on opère; et, une fois le papier dans le châssis, il faut opérer le plus promptement possible.

QUATRIÈME OPÉRATION.

—

Mise à l'acide gallique.

Il faut préparer quelque temps d'avance, et à une température de 18 à 20 degrés, une dissolution d'acide gallique saturé.

On verse cette dissolution dans une cuvette, de manière à former une couche de 2 à 3 millimètres d'épaisseur, et de la même surface que la feuille.

On enlève alors l'épreuve du châssis, et on la place, le côté qui a reçu l'image en premier, sur la couche d'acide gallique. Au bout d'un instant, on retourne l'épreuve, pour qu'elle en soit bien imprégnée des deux côtés. Quelques minutes après, l'image commence à paraître, et elle se complète successivement dans toutes ses parties. Si elle a été exposée le temps nécessaire, elle doit être terminée dans une demi-heure, à peu près.

Alors, si l'épreuve est faible, on peut ajouter dans le bain quelques gouttes d'acétonitrate d'argent, en remuant bien, pour que l'épreuve en soit couverte partout; on renforce ainsi beaucoup les noirs. On peut encore, dans le même bain, ajouter à l'acide gallique une parcelle d'acide pyrogallique et d'acétate d'ammoniaque. Mais on doit user de ces moyens avec réserve, parce qu'on perd très souvent l'épreuve en les employant; le contraste entre les blancs et les noirs devenant presque toujours trop fort, l'épreuve positive est d'un aspect dur et sans harmonie.

Une bonne épreuve négative doit pouvoir se terminer dans l'acide gallique *seul.*

CINQUIÈME OPÉRATION.

Fixage de l'épreuve.

Quand l'image est terminée dans l'acide gallique, on lave l'épreuve à l'eau filtrée, et on peut même la laisser un quart d'heure dans l'eau, ce qui lui donne encore plus de vigueur et la débarrasse de l'acide gallique.

On a préparé une dissolution de :

Eau distillée.	100	grammes.
Bromure de potassium . .	3	—

On verse cette dissolution dans une cuvette, et on y plonge entièrement l'épreuve. Si le bain prenait de suite une teinte verdâtre, c'est que l'épreuve n'aurait pas encore été assez dégorgée dans l'eau filtrée ; il faudrait dans ce cas renouveler simplement le bain de bromure.

L'épreuve doit rester au moins une demi-heure dans le bain.

Il faut ensuite laver de nouveau l'épreuve à plusieurs eaux avec beaucoup de soin, car, sans cela, le négatif n'est pas bien fixé et s'affaiblit bientôt quand on veut le reproduire. On sèche l'épreuve en la piquant sur une corde.

On peut encore fixer l'épreuve au moyen d'une dissolution de :

Eau	100	grammes.
Hyposulfite de soude. . . .	7	—

Au moment de se servir de cette dissolution, on y ajoute *un* gramme d'acide acétique pur. On opère absolument de la même manière quant à l'immersion et aux lavages faits avec soin.

Il y a encore un bon moyen pour fixer l'épreuve, surtout pour les portraits ; c'est de se servir d'une dissolution de chlorure de sodium saturé : les lavages sont les mêmes.

SIXIÈME OPÉRATION.

—

Du moyen de cirer l'épreuve négative.

On a conseillé de ne pas cirer l'épreuve quand elle est faible ou d'une couleur claire.

Nous pensons au contraire que cette opération est toujours nécessaire, même avec du papier mince; une épreuve qui ne pourrait pas la supporter doit être regardée comme une épreuve médiocre, et ne donnera pas de bonnes positives. La cire n'augmente pas seulement la transparence, elle bouche aussi tous les petits interstices du papier, et en rend la surface plus unie; elle conserve mieux l'épreuve en la préservant de l'humidité.

On place quelques feuilles de papier buvard sur une planche ou sur une table, et on pose l'épreuve dessus, bien à plat, pour éviter des plis qu'on ne pourrait pas effacer.

On étend une couche de cire blanche sur un fer modérément chaud, et on repasse l'épreuve en appuyant doucement, afin que la cire pénètre bien dans l'épreuve et qu'il y en ait également partout.

Ou bien encore on a préparé d'avance un papier buvard complétement pénétré de cire ; on le place sur l'épreuve, et on repasse sur le papier buvard pour faire passer la cire dans l'épreuve. Dans les deux moyens, si celle-ci contient alors un excès de cire, on la met elle-même entre deux feuilles de papier buvard non cirées, en appuyant avec le fer chaud, et tout l'excédant passe dans les papiers buvards.

SEPTIÈME OPÉRATION.

Préparation du papier positif.

Préparez une dissolution de :

Eau distillée.	100 grammes.
Chlorure de sodium pur. . .	4 1/2 —

Versez de cette dissolution dans une cuvette à l'épaisseur de 5 à 10 millimètres.

Après avoir marqué vos feuilles de papier par un signe, étendez-les, l'une après l'autre, sur le liquide ; laissez-les chacune de 5 à 8 minutes, suivant l'épaisseur, et faites-les sécher en les suspendant par un angle.

On peut ainsi préparer d'avance, et en plein jour, un assez grand nombre de feuilles.

Quand elles sont sèches, placez-les face à face dans un carton où elles puissent se conserver longtemps; il faut seulement éviter de les mettre dans un endroit humide.

On a préparé une autre dissolution de :

Eau distillée.	100 grammes.
Nitrate d'argent. . . .	15 à 18 grammes.

On y trempe chaque feuille (le côté salé sur le nitrate) pendant 5 à 6 minutes, puis on les sèche de nouveau parfaitement.

Cette dernière opération ne peut se faire que dans l'obscurité, à la clarté d'une lampe ou d'une bougie; le mieux est de la faire le soir pour se servir du papier le lendemain. Il n'en faut préparer que la quantité qu'on pensera devoir employer, parce que, quoique bien enfermé, le papier commence à jaunir au bout de deux jours, et cette teinte augmente assez rapidement. Les épreuves faites sur du papier ainsi coloré n'ont plus ni la vigueur ni la beauté de celles qu'on obtient sur le papier encore blanc ou légèrement jauni.

HUITIÈME OPÉRATION.

—

Tirage de l'épreuve positive.

On place le négatif sur la glace du châssis à reproduction, le côté le plus vigoureux en dessus. On le couvre avec un papier préparé pour positif, le côté nitraté sur l'épreuve, en évitant qu'il y ait aucun pli, et en laissant dépasser un peu les bords du papier positif pour juger, par la couleur qu'ils prendront, de l'intensité de la lumière. On ferme alors le châssis, et on donne une légère pression au moyen des vis pour que les deux épreuves adhèrent bien ensemble.

Quoiqu'on puisse, par habitude, juger du temps nécessaire à la pression, surtout en examinant par la couleur que prennent les bords, à quel point elle en est, il est encore mieux de regarder l'épreuve elle-même en n'ouvrant qu'un des côtés du châssis pour ne pas la déranger.

Il faut généralement laisser cette épreuve venir plus forte et plus foncée qu'elle ne doit être, parce que dans son passage à l'hyposulfite elle se trouve affaiblie.

On reconnaît ordinairement le moment de retirer l'épreuve quand les lumières commencent à se voiler.

Au reste, pour avoir de belles épreuves positives, les soins seuls ne suffisent pas ; il faut avant tout que le *cliché*, ou épreuve négative, soit d'une exécution parfaite comme harmonie de tons et pureté de lignes.

NEUVIÈME OPÉRATION.

Fixage de l'épreuve positive.

Préparez une dissolution de :

Eau distillée.	100	grammes.
Hyposulfite de soude. . . .	12	—

Cette liqueur étant versée dans une cuvette, on y plonge entièrement l'épreuve positive qu'on vient de sortir du châssis, en ayant soin qu'il n'y ait point de bulles d'air qui feraient des taches en empêchant l'hyposulfite d'adhérer également partout (1).

On laisse l'épreuve dans le bain jusqu'à ce

(1) On peut mettre plusieurs épreuves à la fois dans ce bain, pourvu qu'il y ait assez de liquide pour qu'elles n'adhèrent pas ensemble.

que les lumières soient bien éclaircies, et, ici encore, l'expérience est nécessaire pour bien juger le moment convenable, parce que l'épreuve, après avoir été séchée, reprend toujours un peu plus de vigueur.

En sortant l'épreuve de l'hyposulfite, il faut encore une fois la laver et la laisser même pendant 5 à 6 heures dans l'eau pour la dégager complétement de l'hyposulfite; car, sans cette précaution, elle jaunirait de plus en plus et pourrait même finir par s'effacer.

En sortant l'épreuve de la dernière eau, il faut la laisser sécher en la suspendant.

En employant la dissolution d'hyposulfite, on obtient des tons rougeâtres assez désagréables. Pour éviter cet inconvénient, il faut ajouter un peu de chlorure d'argent nouvellement précipité (un demi-gramme par 100 grammes de liquide). Quand on a fini, on verse l'hyposulfite qui a servi dans un flacon, en le filtrant, et il peut servir pour une nouvelle opération, en remplaçant chaque fois par une petite quantité de nouvelle dissolution une partie du vieux bain; on peut, avec avantage pour la teinte de l'épreuve, en prolonger indéfiniment l'usage.

Le papier positif qui contient de l'amidon comme encollage donne les plus beaux tons noirs.

LIBRAIRIE DE VICTOR MASSON.

BIBLIOTHÈQUE SCIENTIFIQUE

Format Charpentier (in-18 jésus).

MÉDECINE.

Bichat. RECHERCHES PHYSIOLOGIQUES SUR LA VIE ET LA MORT, avec une Notice sur la vie et les travaux de Bichat, et avec des notes par le docteur Cerise. 2e édit., ornée d'une vignette sur acier. 1852, 1 vol. 3 fr. 50

Moure et Martin. PRÉCIS DE THÉRAPEUTIQUE SPÉCIALE, de pharmaceutique, de pharmacologie. 1 beau vol. compacte. . . . 3 fr. 50

Sappey. TRAITÉ D'ANATOMIE DESCRIPTIVE, avec figures dans le texte. 4 vol. . . . 17 fr.

Sédillot. TRAITÉ DE MÉDECINE OPÉRATOIRE, *Bandages et Appareils*, avec figures dans le texte. 2e éd. revue et augmentée. 4 vol. . . . 16 fr.

ZOOLOGIE.

Edwards (Milne). COURS ÉLÉMENTAIRE DE ZOOLOGIE. 1 vol. avec 465 fig. dans le texte. 6 fr.

Edwards (Milne). INTRODUCTION A LA ZOOLOGIE GÉNÉRALE, ou *Considérations sur les tendances de la nature* dans la constitution du règne animal. Première partie. 1 vol. . . . 2 fr. 25

BOTANIQUE.

Cosson (E.) et Germain (E.). FLORE DESCRIPTIVE et analytique des environs de Paris. 1 vol. compacte en 2 parties, avec une carte des environs de Paris. . . . 12 fr.

Cosson (E.) et Germain (E.). ATLAS DE LA FLORE des environs de Paris. 1 vol. cartonné contenant 42 planch. avec texte explicatif . . . 9 fr.

Cosson (E.) et Germain (E.). SYNOPSIS ANALYTIQUE DE LA FLORE des environs de Paris. 1 vol. . . . 3 fr. 50

Germain de Saint-Pierre (E.). GUIDE DU BOTANISTE, etc., accompagné d'un *Traité élémentaire des propriétés et usages économiques des plantes*, et suivi d'un *Dictionnaire des mots techniques* de botanique. 1 vol. en deux parties. . . . 7 fr. 50

Jussieu (A. de). COURS ÉLÉMENTAIRE DE BOTANIQUE. 5e édit. 1 vol. avec figures. . . . 6 fr.

GÉOLOGIE.

Beudant (F.-S.). COURS ÉLÉMENTAIRE DE MINÉRALOGIE ET DE GÉOLOGIE. 5e édition. 1 vol. avec figures. . . . 6 fr.

D'Orbigny (Alcide). COURS ÉLÉMENTAIRE DE PALÉONTOLOGIE et de Géologie stratigraphique. 3 vol. avec 600 figures. 17 tableaux réunis en un atlas in-4 cartonné. . . . 15 fr.

Klée (Fred.). LE DÉLUGE, considérations géologiques et historiques sur les derniers cataclysmes du globe. 1 vol. . . . 3 fr. 50

ÉCONOMIE RURALE.

Baudement. COURS ÉLÉMENTAIRE DE ZOOTECHNIE. 1 vol. avec figures (Sous presse.)

Joigneaux (P.). LA CHIMIE DU CULTIVATEUR. 1 vol. . . . 2 fr.

Dubreuil (A.). COURS ÉLÉMENTAIRE THÉORIQUE ET PRATIQUE D'ARBORICULTURE. 2e édit. 1 vol. en 2 parties avec 5 vign. et 692 fig. . . . 9 fr.

Girardin et Dubreuil. TRAITÉ ÉLÉMENTAIRE D'AGRICULTURE. 2 vol. avec 880 figures. [illegible]

Guenon. ABRÉGÉ DES VACHES LAITIÈRES. 1 vol. avec figures. . . . [illegible]

CHIMIE ET PHYSIQUE.

Frésenius et Sacc. PRÉCIS D'ANALYSE CHIMIQUE QUALITATIVE. 2e édit. 1 v. avec fig. [illegible]

Frésenius et Sacc. PRÉCIS D'ANALYSE CHIMIQUE QUANTITATIVE. 1 vol. avec [illegible]

Gerhardt. AIDE-MÉMOIRE POUR L'ANALYSE CHIMIQUE. 1 vol. . . . [illegible]

Laurent. PRÉCIS DE CRISTALLOGRAPHIE, suivi d'une *Méthode simple d'analyse au chalumeau*. 1 vol. avec 175 figures. . . . [illegible]

Liebig. LETTRES SUR LA CHIMIE (lettres 1 à 26), traduites par Ch. Gerhardt. 1 vol. avec portrait de M. Liebig. . . . [illegible]

Liebig. NOUVELLES LETTRES SUR LA CHIMIE (lettres 27 à 37), trad. par Ch. Gerhardt. 1 vol. [illegible]

Pelouze et Fremy. ABRÉGÉ DE CHIMIE. 2 vol., avec 7 planches in-4. . . . [illegible]

Regnault. PREMIERS ÉLÉMENTS DE CHIMIE. 1 vol. avec figures. . . . [illegible]

Regnault. COURS ÉLÉMENTAIRE DE CHIMIE. 3e édit., 4 vol. avec 2 pl. et fig. . . . [illegible]

Regnault. COURS ÉLÉMENTAIRE DE PHYSIQUE. 4 vol. avec figures. — *Ces volumes paraîtront successivement à partir de 1852.*

Delaunay. COURS ÉLÉMENTAIRE DE MÉCANIQUE. 2e édit. 1 vol. avec fig. [illegible]

Delaunay. COURS ÉLÉMENTAIRE D'ASTRONOMIE. 1 vol. avec fig. (*Sous presse.*)

Figuier. LA MACHINE A VAPEUR. 1 vol. [illegible] figures. . . . [illegible]

LITTÉRATURE SCIENTIFIQUE.

Figuier. DÉCOUVERTES SCIENTIFIQUES MODERNES (Exposition et Histoire des). Paris, 1852. 3 vol. grand in-18. . . . [illegible]

Le tome Ier comprend : Photographie. — Télégraphie [illegible], et télégraphie électrique. — Éthérisation. — Galvanoplastie et dorure chimique.

Le tome II comprend : Aérostats. — Éclairage au gaz. — Planète Leverrier. — Poudres de guerre et poudre-coton.

Le tome III comprend : Machines à vapeur. — [illegible] vapeur. — Chemins de fer.

Roussel. SYSTÈME PHYSIQUE ET MORAL DE LA FEMME, avec une Notice sur Roussel et des notes par le docteur *Cerise*. 1 vol. . . . [illegible]

Zimmermann. LA SOLITUDE. Traduction nouvelle par A. *Marmier*. 1 vol. . . . [illegible]

Guizot. HISTOIRE DE LA CIVILISATION EN EUROPE ET EN FRANCE. 6e édition. Paris, [illegible] 5 vol. . . . [illegible]

Paris. — Imprimerie de L. MARTINET, rue Mignon, 2.

www.ingramcontent.com/pod-product-compliance
Ingram Content Group UK Ltd.
Pitfield, Milton Keynes, MK11 3LW, UK
UKHW012120240726
13965UKWH00005B/1873